Lidija Golc

Kakor roke v objem / Wie Hände zur Umarmung

Lidija Golc

Kakor roke v objem
Wie Hände zur Umarmung

Pesmi/Gedichte

Übertragung ins Deutsche /
Prenos v nemščino: Ivana Kampuš

CIP - Kataložni zapis o publikaciji
Narodna in univerzitetna knjižnica, Ljubljana

821.163.6-1

GOLC, Lidija
  Kakor roke v objem : pesmi = Wie Hände zur Umarmung : Gedichte / Lidija Golc ; Übertragung ins Deutsche, prenos v nemščino Ivana Kampuš. - 1. izd. - Celovec : Mohorjeva, 2020. - (Ellerjeva edicija ; 44)

ISBN 978-3-7086-1111-2
COBISS.SI-ID 25510915

ELLERJEVA EDICIJA 44/EDITION ELLER
Pesniška edicija celovške Mohorjeve založbe, imenovana po slovenskem koroškem pesniku Franu Ellerju
(Marija na Zilji 1873 – Ljubljana 1956)

Lidija Golc: Kakor roke v objem/Wie Hände zur Umarmung. Pesmi/Gedichte
Prenos v nemščino/Übertragung ins Deutsche: Ivana Kampuš
Prevod spremne besede v nemščino/Übersetzung des Geleitwortes in die deutsche Sprache: Adrian Kert
Slika na naslovnici in ilustracije/Coverbild und Illustrationen: Silva Karim
Naslov slike na ovitku/Titel des Coverbildes: Kakor roke v objem/Wie Hände zur Umarmung
Oblikovanje ovitka/Umschlaggestaltung: ilab crossmedia
Uredništvo/Redaktion: Adrian Kert

© izdaje/Ausgabe 2020, Mohorjeva založba/Hermagoras Verlag, Klagenfurt/Celovec – Ljubljana – Wien/Dunaj
Izdala, založila in tiskala Mohorjeva družba v Celovcu/
  Gesamtherstellung: Hermagoras Verein in Klagenfurt
Za družbo/Für den Verein: Franz Kelih, Karl Hren

1. izdaja/Ausgabe, 2020
Naklada/Auflage: 200
Cena/Preis: € 19,90

ISBN 978-3-7086-1111-2

Kazalo

MURVICA

Murvica	14
Običajne ture	16
Vsako delo, ki se je z ljubeznijo začelo	18
Dobrač se ne bo zato še enkrat podrl	20
Pot v Damask	24
Ustavljeni čas	26
Uboge imate vedno med seboj	28
Pomlad	30
Štiritaktno gre bolj počasi	34

JUTRO RAZPRTIH ROK

To jutro	38
Čakanje	40
To je zdaj	42
Kakor roke v objem	46
Darilo	50

ŠE ENKRAT HVALA

Še enkrat hvala	54
Jaz zamegli bistvo	56
Kouvaris	60
Angeli	62
Samovoljnost	66

Vsake toliko 70
Noben glas samo odpira usta 74
Dvajset zapetih tja do desetih 76
Brez vaju 78
In začneš zidati 80

TISTA SKODELICA

Niso ceste vedno gladke 84
Kako ljubijo svoje delo? 88
Tista skodelica 90
Midva imava vsak svojo krevlo 94
Danes ob reki 98

V NOV DAN, STRUNJAN

Pa je res veliko lepih 104
Rane 106
Velik črn prstan 110
Murva je razširila težke sladke veje 114

ŠE VEŠ, DA SI SOL ZEMLJE?

Ni treba v Santiago 120
Lepenski potok 122
Odmev je most 124
Ona pa ne, vse po svoje 128
Vedno je vredno 132
Smejijo se mi za vogali 134
Roke razpri 140
Razvajanje 142
K Jakobovemu studencu 148
Še veš 152

Spremna beseda 155

Inhalt

DAS MAULBEERBÄUMCHEN

Das Maulbeerbäumchen	15
Übliche Tour	17
Jedes Unterfangen, das mit Liebe angefangen	19
Der Dobratsch wird deshalb nicht noch einmal abstürzen	21
Der Weg nach Damaskus	25
Die angehaltene Zeit	27
Die Armen habt ihr immer unter euch	29
Oh Frühling	31
Im Vierviertaltakt es langsam geht	35

MORGEN DER OFFENEN HÄNDE

Dieser Morgen	39
Das Warten	41
Das ist jetzt	43
Wie Hände zur Umarmung	47
Das Geschenk	51

NOCH EINMAL DANKE

Noch einmal Danke	55
Das Ich vernebelt das Wesen	57
Kouvaris	61
Engel	63
Eigenwilligkeit	67
Ab und zu	71

Kein Laut öffnet nur den Mund	75
Zwanzig Lieder bis um zehn	77
Ohne euch	79
Und fängst an zu bauen	81

JENES HÄFERL

Die Straßen sind nicht immer eben	85
Wie sie die Arbeit lieben?	89
Jenes Häferl	91
Wir beide haben jeder seinen Gehstock	95
Heute am Fluss	99

VORAN, STRUNJAN

Es gibt echt viele	105
Wunden	107
Großer schwarzer Ring	111
Der Maulbeerbaum hat seine schweren süßen Äste ausgebreitet	115

WEISST DU NOCH, DASS DU DAS SALZ DER ERDE BIST?

Weshalb nach Santiago gehen	121
Leppener Bach	123
Der Nachhall ist eine Brücke	125
Sie aber wollen nicht so	129
Stets ist es wert	133
Lachen mich heimlich aus	135
Öffne deine Hände	141
Verwöhnen	143
Zum Jakobsbrunnen	149
Weißt du noch	153
Geleitwort	161

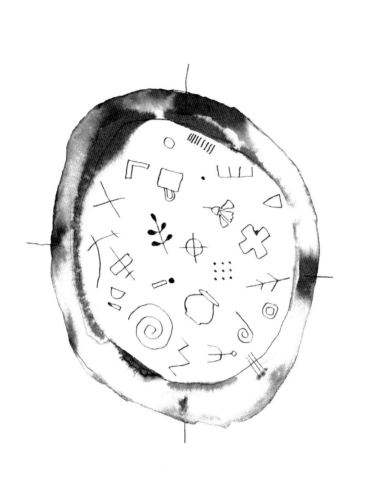

MURVICA
MAULBEERBÄUMCHEN

*

Strgam z vseh skodelic, lončkov,
krožnikov, vaz in vazic,
strgam tišino, spominske slike,
besede, pripetljaje in dogodke.
Ko jih postrgam za pest,
jih nežno razporedim
na belo okroglo mizo
pod živo zeleno murvo
v rdečem cvetličnem loncu.

Murvica je pravkar
ponosno
spet pognala
dva suličasta svetlo
zelena lista.
Še zvita sta,
a že obetata.

*

Ich schabe ab, von allen Schalen, Häferln,
Tellern, großen und kleinen Vasen,
schabe ab die Stille, Erinnerungsbilder,
Worte, Vorfälle und Ereignisse.
Wenn ich eine Handvoll davon habe,
ordne ich sie zärtlich
auf dem weißen runden Tisch
unter dem grünen Maulbeerbaum
im roten Blumentopf.

Das Maulbeerbäumchen
hat soeben
stolz wieder
zwei lanzenförmige
hellgrüne Blätter ausgetrieben.
Noch sind sie eingerollt,
aber schon viel verheißend.

*

Čas, pripet na dolge kazalce stare stenske ure,
poganja ptice sanj, ki krožijo in strmijo vanj:
kdaj že bodo, kdaj bodo prišle do svoje vrste.
A vendarle drsi skoz prste, ko kroži svoje **običajne ture**.

*

Die Zeit, geheftet an lange Zeiger einer alten Wanduhr,
treibt Traumvögel, die kreisen und sie betrachten:
wann werden, ja wann werden sie wohl ihre Art erreichen.
Sie gleitet dennoch durch die Finger auf ihrer **üblichen Tour**.

*

Včasih je bil čas napet na dolge niti
od minute do minute, od narediti do storiti.

Zdaj se je sprostil v mesece in leta
in vsaka misel v žamet je odeta:
vsako delo, ki se je z ljubeznijo začelo,
se dolgo v ogledalo gleda,
snuje, časa potrebuje,
da enkrat vendar, če je uspelo,
vstane, se prahu otrese,
da ga končno med ljudi odnese.

Dokler pa še zori,
ni za med ljudi.

*

Einst war die Zeit auf lange Fäden gespannt,
von Minute zu Minute, vom Machen zum Tun.

Jetzt befreite sie sich zu Monaten und Jahren
um jeden Gedanken mit Samt zu umhüllen:
jedes Unterfangen, das mit Liebe angefangen,
betrachtet sich lange im Spiegel,
überlegt, braucht Zeit,
um dann doch, wenn es ihm gelingt,
aufzustehen, den Staub abzustreifen,
und endlich unter Leute zu gehen.

Solange es noch reift,
auf die Öffentlichkeit es pfeift.

*

Kako hitro zdrsneš na staro pot,
ker jo poznaš, udobno je uhojena,
preizkušena, tudi če je ne maraš in se ji čudiš
celo življenje, veš, da to ni tvoja pot,
le pot, po kateri pač hodiš vsak dan,
srečuješ isto pokrajino in iste ljudi,
nekako jo imaš že rad,
a tvoja ni, tujka, ki se je nate
prilepila, se opravičuješ sam sebi,
v resnici pa si ti nanjo priplepljen.
Ko bi vsaj vodila do kake razgledne točke,
ko bi te vsaj ob njej čakali objemi.
Jo moraš imeti rad le, ker je tvoja?
Se moraš jeziti nase, ker je ne preusmeriš?

Dobro se zavedaš, da to sedaj počneš:
preusmerjaš jo.
Ampak **Dobrač se ne bo zato še enkrat podrl**.

*

Wie schnell schlitterst du auf den alten Weg,
weil du ihn kennst, gemütlich abgestampft,
erfahren, obwohl du ihn nicht magst und dich
 wunderst
dein Leben lang, du weißt, es ist nicht dein Weg.
Nur der Weg, den du täglich gehst,
du triffst die gleiche Gegend, die gleichen Leute,
du magst ihn irgendwie,
doch deiner wird er nie, ein Fremder, an dich
 geheftet, sagst du,
doch in Wahrheit klebst du an ihm.
Würde er dich doch zum Aussichtsplatz führen
und könntest du dort Umarmungen spüren.
Musst du ihn einfach lieben, weil er der deine ist?
Musst du dich über dich ärgern, weil du ihn nicht
umleitest?

Es ist dir bewusst, dass du nun genau das machst:
du änderst seine Richtung.
Aber **der Dobratsch wird deshalb nicht noch
 einmal abstürzen**.

*

Elegija se je utrudila od liričnosti,
milina je dolgo ni nikamor premaknila.
Oglasil se je rezek ton, zdaj doni
odzvon, odzven njegovega zvona,
odmev, odsev lučke, lučce
že je luč.

Pot v Damask.
Nič ne bo več, kakor je bilo.

*

Die Elegie wurde der Lyrik müde,
Die Anmut hatte sie lange nirgendwohin bewegt.
Es schrillte ein schneidender Ton, jetzt klingt der
Abklang nur davon, der Nachhall seiner Glocke,
das Echo, der Abglanz eines Lichtleins,
und schon ward Licht.

Der Weg nach Damaskus.
Es wird nichts mehr, wie es war.

*

Na veliko načinov se lahko ustavi čas.
Življenje izbere tistega,
ki mora, zanesljivo mora,
ustaviti tebe.
Vedno uspe, saj drugače ne gre,
ustavljeni čas
te prisili pospraviti
po svojih predalih
in se gledati v zrcalih.
In še kar stoji,
dokler nisi ti
spet ti.

*

Die Zeit kann auf viele Arten stehen bleiben.
Das Leben sucht denjenigen aus,
der dich anhalten,
verlässlich anhalten muss.
Es gelingt immer, anders geht es nicht,
die angehaltene Zeit
zwingt dich aufzuräumen
in deinen Schubfächern
und dich in den Spiegeln zu betrachten.
Und sie steht noch immer,
bis du wieder du bist.

*

Uboge imate vedno med seboj.
Jih vidite? Zaznate? Čutite?
Se jim izogibate?
Pogledate stran?
Nimate časa?
Ne zmorete?
Raje ne bi?
Je drugega preveč?
Ni vaša stvar?
Ni vaše področje?
Trenutno res ne morete?

Veste, ubogi zmorejo.
Ampak ne vsega.

*

Die Armen habt ihr immer unter euch.
Könnt ihr sie sehen? Spüren? Fühlen?
Weicht ihr ihnen aus?
Schaut weg?
Habt keine Zeit?
Schafft es nicht?
Würdet lieber nicht?
Anderes überwiegt?
Ist nicht euer Geschäft?
Euer Gebiet?
Im Augenblick könnt ihr wirklich nicht?

Wisset, die Armen schaffen es.
Aber nicht alles.

*

Naj nam tvoj duh zagospodari v duši,
vse grenke solze, **pomlad**, osuši,
žlahtne vonjave razširi čez planjave
in nas objemi, odprte in že skoraj zdrave.

*

Möge dein Geist in unserer Seele herrschen,
alle bitteren Tränen, **oh Frühling**, trockne,
breite edle Gerüche über die Ebenen
und umarme uns, die wir offen und schon fast
  gesund.

*

Štiritaktno gre bolj počasi,
premislijo se vsi troji časi,
hvala, da sploh greš peš,
verjameš, da bo bolje; veš,
da boš še po dveh hodila,
če ti bo sreča in pamet mila,
če bo skrben operater
in če bo življenje fer.

*

Im Viervierteltakt es langsam geht,
drei Zeiten werden überlegt
dankst, dass du zu Fuß noch gehst,
auf Besserung du gerne stehst,
mit beiden Beinen Schritte fassen,
Glück und Verstand sollten das zulassen,
nur sorgfältig sei der Operateur
und das Leben eben fair.

JUTRO RAZPRTIH ROK
MORGEN DER OFFENEN HÄNDE

*

To jutro prinese mir in pokljanje mraza
na zarošenih šipah.
Tako globok mir,
da se celo razboleli členki
prstov hvaležno spomnijo dolgotrajnega
vezenja darila za stričevo poročno darilo:
velik prt in osem prtičev.
Mir, ki je že davno opustil
kontrolo, zaganjanje, opravkarstvo,
dokončnost in užaljenosti,
pustil pa drobna pričakovanja,
hvaležnost, ukoreninjenost,
vero in vizijo.

Ne, to ni jutro praznih,
ampak jutro razprtih rok.

*

Dieser Morgen bringt Ruhe und ein Knirschen
  des Frostes
auf angelaufenen Scheiben.
So ein tiefer Frieden,
dass sogar die schmerzenden Fingerknöchel
dankbar
ans lange währende Sticken des
  Hochzeitsgeschenks für den Onkel denken:
ein großes Tuch mit acht kleinen.
Ein Frieden, der schon längst Kontrolle,
  Überstürzen, Geschäftigkeit,
Endgültigkeit und Beleidigtsein aufgegeben hat,
aber die kleinen Erwartungen,
Dankbarkeit und Verwurzelung,
Glauben und Visionen zurückließ.

Nein, das ist kein Morgen mit leeren Händen,
sondern einer mit weit geöffneten.

*

Čakanje prebudi čute,
spomine, ideje, želje,
utrdi ljubezni,
celi rane,
tudi če je celjenje
dolgotrajno,
odgovarja na vprašanja,
nauči samevanja,
utrjuje vero,
pripravi prostor
in čas za zanemarjene
interese,
čakajoče po kotih
na zvrhanih kupih
pošitih oblačil.

Čakanje aktivira,
čisti do obisti,
postavlja stvari in misli
na prava mesta.
Že dolgo si nisi bila
tako zvesta.

*

Das Warten weckt Sinne,
Erinnerungen, Ideen, Wünsche,
stärkt die Liebe,
heilt Wunden,
auch wenn die Heilung
lange braucht,
beantwortet Fragen,
lehrt das Alleinsein,
stärkt den Glauben,
bereitet Raum
und Zeit für vernachlässigte
Interessen,
die in Ecken verharren
auf großen Haufen
zugenähter Kleidung.

Das Warten aktiviert,
reinigt bis an die Nieren,
stellt Dinge und Gedanken
auf den richtigen Platz.
Schon lange warst du dir nicht
mehr so treu.

*

To je zdaj težko pričakovani,
sanjani in napovedovani,
pridelani, ne, prigarani,
opevani in napeljani

DOGODEK.

Zakaj se ne tresejo tla,
kako da svet stoji,
kakor je stal prej,
in kako, kako,
da ljudje ne vidijo in ne čutijo,
ne, nikakor, sploh ne slutijo,
kako je sedaj vse drugače.
Počasi, počasi se jim približam,

da jim razložim, čisto preprosto,
na kratko, ne zelo nagosto,
zakaj in zakaj zdaj
in kako naj bo tudi njim lepo.

Želim z njimi deliti,
jim ga osvetliti in se,
vsaj z nekaterimi,
skupaj veseliti.

S kozarčkom trčiti
in ga tudi popiti.
Potem se še objeti
in kako koroško zapeti.

*

Das ist jetzt das schwer erwartete,
erträumte und angesagte,
erarbeitete, nein, erschuftete,
besungene und eingeleitete

EREIGNIS.

Warum zittert der Boden nicht,
warum steht die Welt noch
wie eh und je,
und warum, warum
sehen und fühlen die Leute nicht,
nein, sie ahnen es nicht einmal,
wie jetzt alles anders ist.
Langsam, langsam komme ich an sie heran,

um ihnen zu erklären, ganz einfach,
kurz und bündig,
warum und warum jetzt
und wie es auch für sie schön sein soll.

Ich will mit ihnen teilen,
es ihnen erhellen und mich
mit ihnen, zumindest mit einigen
gemeinsam freuen.

Mit einem Glas anstoßen
und es auch leeren.
Und dann alle umarmen
und ein Kärntnerlied zum Besten geben.

*

V Sankt Peterburgu veličasten
polkrožni spomenik
devetstodnevnemu obleganju:
prekinjen krog,
PREKINJEN krog
v svobodo, odrešitev –
samo koliko žrtev …

Vsi krogi so lahko prekinjeni.

Lahko jih razpremo:
vztrajno, ponosno,
zanosno,
kakor roke v objem.

*

In Sankt Petersburg ein großartiges
halbrundes Denkmal
zu Ehren der neunhunderttägigen Belagerung:
ein unterbrochener Kreis.
Ein UNTERBROCHENER Kreis
in die Freiheit, Erlösung –
aber wie viele Todesopfer …

Alle Kreise können unterbrochen sein.

Wir können sie öffnen:
beharrlich, stolz,
beschwingt,
wie Hände zur Umarmung.

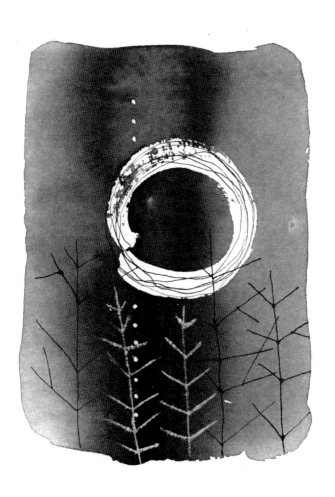

*

Trikratna mlada mamica
mi **darilo** v roko da:
Naj uspe ti operacija
s pomočjo tega jabolka
z vrta domačega.

*

Eine Mutter hat der Kinder drei
sie bringt mir ein **Geschenk** vorbei:
Möge die Operation gelingen,
ein Apfel aus meinem Garten
Soll dir Genesung bringen.

ŠE ENKRAT HVALA
NOCH EINMAL DANKE

*

Ko ti je doooooolgo časa merilo blagor
tvojih bližnjih,
težko obrneš lučko vase in se sprašuješ,
kaj želiš si zase.
Potem je le še korak do spoznanja,
da je prav in celo dolžnost
življenje prositi za to,
kar tvoje srce sanja,
počakati in delovati …
Čisto vest imaš pred sabo, svojimi in Bogom.
Kar je drugim samoumevno, se ti sedaj učiš:
ustreči tudi sebi. Pa gre? Na koga se spominjaš,
ko se sprašuješ in drugačna potovanja snuješ:
bližnja, kratka, pogovorna, nič v zvezi s hrano,
ampak v zvezi s teboj in z mano.

Ja, tako je unca dihala in delovala,
zato ti, moja unca, **še enkrat hvala**.

*

Wenn dir laaaaange Zeit das Wohl deiner Nächsten
  das Maß aller Dinge ist,
schwenkst du nur schwer das Lichtlein zu dir und
  fragst,
was wünschst du für dich.
Dann ist es nur noch ein Schritt zur Erkenntnis,
dass es richtig ist und deine Pflicht,
das Leben
um die Träume deines Herzens
zu bitten,
zu warten und zu werken ...
Dein Gewissen vor dir, den deinen und vor Gott ist
  rein.
Was anderen selbstverständlich ist, lernst du jetzt:
eigene Wünsche erfüllen. Und schaffst du es?
An wen denkst du,
wenn du dich fragst und andere Reisen planst:
nahe, kurze, gesprächige, nichts übers Essen
sondern was dich und mich betrifft.

Ja so atmete und wirkte Unca,
und so, meine Unca, **noch einmal Danke**.

*

Umetnost je močnejša od narave.
                    Tizian

Jaz je močnejši od empatije.
Jaz zamegli bistvo: odnose.
Jaz odkriva svet: srž, os sveta je narava?
Moč ega, ego moči.

Odnosi so v srčiki človeka.
Objem ruši mostove,
beseda stopa čez pragove
v naše domove.

Ko zamižiš, ti da sliko,
ne veliko, ne široko,
ampak globoko,
da jo čutiš in vonjaš,

topla je, lahko da boli
a to si ti, tu si doma,
tu lahko daješ in si ti,
beseda govori.

Narava ne boli, kar je,
kar hladi, brez ljudi,
brez topline in domišljije
je samo močna in molči.
Res ne gre za boj,
tu gre za obstoj.

*

Die Kunst ist stärker als die Natur.
> Tizian

Das Ich ist stärker als Empathie.
Das Ich vernebelt das Wesentliche:
  Beziehungen.
Das Ich entdeckt die Welt: der Kern, die Achse der
  Welt ist die Natur?
Die Kraft des Egos, das Ego der Kraft.

Beziehungen sind im Kern des Menschen.
Eine Umarmung lässt Brücken einstürzen,
über Türschwellen schreitet das Wort
in unsere Häuser.

Wenn du die Augen schließt, gibt es dir ein Bild,
kein großes, kein breites,
sondern ein tiefes,
das du spürst und riechst,

es ist warm, es mag weh tun,
doch das bist du, hier bist du daheim,
hier kannst du geben und du sein,
so spricht das Wort.

Die Natur spürt nicht, was ist,
was kühlt, ohne Leute,
ohne Wärme und Fantasie
sie ist nur stark und schweigt.

Ne joči in se ne boj,
ne odloči se takoj,

koga sprejmeš v svoj krog.
Kogar objameš in stisneš k sebi,
naj bo čuteč in odprtih rok,
naj bo bližnji tebi.

Es geht gar nicht um Kampf,
es geht ums Überleben.
Weine nicht und fürchte nicht,
entscheide nicht sofort,

wen du in deinen Kreis einschließt,
wen du umarmst und drückst,
einfühlsam sei er mit offenem Arm,
er möge dein Nächster sein.

*

Kouvaris iz svojega hotela
spleta niti svojih zgodb in svoje biti
sproščeno, poglobljeno,
jih povezuje v klobko eno
in jih položi v mojo levo roko,
ona jo stisne in mehko preloži
še v desno in jo poboža resno.
Dolgo pot nekako je prenesla,
jezike, čase in razdalje
kakor mimogrede
preskakovala in ostala
čista, mehka, tako okroglo sončna,
ko pri meni je pristala.
Kouvaris, hvala.

*

Kouvaris flicht von seinem Hotel aus die Fäden
 seiner Geschichten und seines Seins
entspannt, vertieft,
verbindet sie in einen Knäuel
und legt ihn in meine Linke,
diese drückt ihn und gibt ihn sanft
noch in die Rechte und streichelt ihn ernst.
Einen langen Weg hat er ertragen,
hat Sprachen, Zeiten und Entfernungen
so vorübergehend
übersprungen und ist geblieben
rein, weich, so rundlich saftig,
als er bei mir landete.
Kouvaris, danke.

*

Pavčkovi mili **angeli**,
angeli sence Rafaela Albertija,
tisti Wima Wendersa,
ki hodijo skozi stene,

angeli s krili in brez njih,
angeli spanca in angeli prebujanja,
juter in visokega dneva,
angeli odločitev
in angeli sprememb,

odprite težko zapahnjena vrata
zakrčenim in jeznim odločitvam,
da bodo videle svet vsaj malo
nad svojimi vozli in bolečinami.

Angel pričakovanja,
pomagaj materi, da prikliče
vse angele na srečanje,
skleni jim roke,

da bodo zarjavela vrata
zmogla odškrniti pot
svetlobi in upanju.

Čas je.

*

Pavčeks sanfte **Engel**,
die Schattenengel des Rafael Alberti,
jene von Wim Wenders,
die durch Wände gehen,

Engel mit und ohne Flügel,
Engel des Schlafes und des Erwachens,
der Morgen und der späten Tage,
Engel der Entscheidungen
und Engel der Veränderungen,

öffnet den verkrampften und zornigen
   Entscheidungen
die fest verriegelte Tür,
auf dass sie nur ein klein wenig
über ihre Knoten und Schmerzen hinaus
die Welt betrachten werden.

Engel der Erwartung,
hilf der Mutter, alle Engel
zum Treffen zu rufen,
falte ihnen die Hände,

damit die verrostete Tür
dem Weg von Licht und Hoffnung
einen Spalt öffnen kann.

Es ist Zeit.

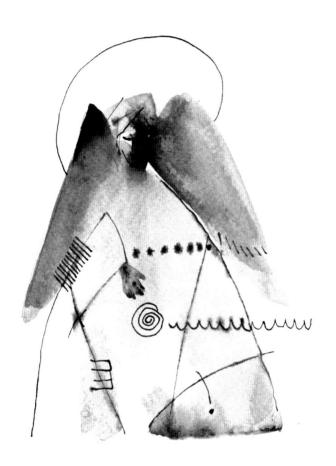

*

To besedo sem iskala trideset let.
Vedno, ko sem jo že skoraj našla,
se je nekako izmuznila,
nekaj časa sem vztrajala
in jo iskala po robovih,
na bregovih, na plotovih,
a je bila izvirnejša v izogibanju
kakor jaz v iskanju,
zmagala je skoraj neštetokrat:
ušla skozi šivankino uho,
ko sem jo že skoraj
ujela v dlan.

Človek nehuje verjeti,
da je še kaj možnosti,
jo poiskati, najti.
Izčrpa se, temu ne bi rekli
obup, ampak preža.
Stojiš ali ležiš na preži:
tokrat mi pa ne uideš,
lisička zvita tička.

Presenečenje je popolno,
ko tako dolgo iskana
beseda povsem nedolžno
sedi v spremni besedi
knjige Petra Stamma
Onkraj jezera. Zgodbe.

*

Dieses Wort habe ich dreißig Jahre lang gesucht.
Wann immer ich es fast schon hatte,
entwischte es mir irgendwie,
eine Zeit lang blieb ich dabei
und suchte an den Rändern,
an den Hängen, auf den Zäunen,
aber es war origineller im Ausweichen
als ich es war beim Suchen,
es gewann den Wettbewerb unzählige Male:
und entschwand durchs Nadelöhr,
als ich es schon fast
in meiner Hand hielt.

Der Mensch hört auf zu glauben,
dass es noch Möglichkeiten gibt,
es zu suchen, zu finden.
Er ermattet, man würde dazu nicht
Verzweiflung sagen, sondern Lauer.
Du stehst oder liegst auf der Lauer:
diesmal entwischst du mir nicht,
du überschlaues Füchslein.

Die Überraschung ist vollkommen,
als das lange gesuchte
Wort ganz unschuldig
im Begleittext des Buches
von Peter Stamm *Seerücken. Erzählungen*, sitzt
Es steht in einer Wortgruppe

Stoji v besedni zvezi
in nima namena nikamor iti.
Desetkrat preverim,
še vedno je tam.
Takole piše na predzadnji strani:
… *v njegovi samosvojosti in samovoljnosti* …
Zadnja beseda je moja:
Samovoljnost.

Mater si samovoljno,
življenje moje.

und beabsichtigt nirgendwohin zu gehen.
Ich überprüfe zehnmal.
Es ist noch immer dort.
So steht es auf der vorletzten Seite:
... *in seiner Eigenartigkeit und Eigenwilligkeit* ...
Das letzte Wort gehört mir:
Eigenwilligkeit.

Oh Gott,
bist du eigenwillig, du mein Leben.

*

Vsake toliko je dobro preveriti,
ali tvoja ladja pluje,
kroži,
se vrti
ali stoji v suhem doku.

In jo umeriti,
usmeriti,
če se da
in če vemo,
kaj želimo.

Veronika Dintinijana: *V suhem doku.*

*

Ab und zu wäre es ratsam
zu überprüfen, ob dein Schiff fährt,
kreist,
sich dreht
oder in einem Trockendock steht.

Und es abstecken,
ausrichten,
wenn möglich
und wenn wir wissen,
was wir wollen.

Veronika Dintinijana: *Im Trockendock.*

*

Bolnik, odvisen od postrežbe,
begunec za bodečo žico,
otrok, čakajoč na objem,
upokojenec na minimalcu

trobentajo noben glas,
saj so prisiljeni trobentati molče
v zboru glasnih in ubranih
prvih, drugih in tretjih glasov.

Noben glas samo odpira usta,
ker v zboru pa hoče biti.
Po nastopu drugi gredo,
on pa nima kam domov.

Suzana Tratnik: *Noben glas.*

*

Der Kranke, abhängig von der Betreuung,
der Flüchtling hinter dem Stacheldraht,
das Kind, eine Umarmung erwartend,
der Rentner mit Mindestrente

trompeten keinen Laut,
sie müssen ja stumm trompeten
im Chor der lauten und harmonischen
ersten, zweiten und dritten Stimmen.

Kein Laut öffnet nur den Mund,
denn im Chor möchte er schon sein.
Nach dem Auftritt gehen die anderen weg,
er aber hat kein Zuhause.

Suzana Tratnik: *Noben glas (Kein Laut).*

*

Dvajset zapetih tja do desetih.
Dobra pesem, slovenska pesem.
Dobra pesem, slovenska pesem, najboljša pesem.

Radio Agora, ta pa zna

povedati,
zapeti,
zaigrati,
pobožati dušo
ublažiti sušo,
podati roko,
pogledati visoko
objeti tesno,
opomniti,
kdo in kje smo.

*

Zwanzig Lieder bis um zehn.
Ein gutes Lied, ein slowenisches Lied.
Ein gutes Lied, ein slowenisches Lied, das beste
   Lied.

Radio Agora kann's eben

sagen,
singen,
spielen,
die Seele streicheln,
die Trockenheit lindern,
die Hand reichen
hoch blicken,
eng umarmen,
mahnen,
wer und wo wir sind.

*

Hvala, Astor Piazola
in Marko Hatlak.
Dan je pretežak, da bi ga
nesla na svojih ramenih

brez vaju.

*

Danke, Astor Piazola
und Marko Hatlak.
Der Tag ist zu schwer,
um ihn auf den Schultern zu tragen

ohne Euch.

*

Moraš biti sam, da predihaš,
napolniš najtanjše žilice,
ko vdihuješ globoko in izdihuješ,
da se ti skoraj zavrti.
To narediš večkrat, s pogledom
na strehe in meglo, oblake,
sonce, spomine in sanje.

Moraš biti sam, da se očistiš
prahu, očitkov, sitnob,
neosnovanih pričakovanj,
da se pogovoriš z lakoto,
ki to ni – le potreba po čiščenju.
Tišina ti pomaga prihajati
k samemu sebi.

Potem poiščeš Vivaldijeve *Letne čase*,
za podlago ustvarjalnemu dnevu.
In začneš zidati, zidati do neba.
Ker je slast.

*

Du musst allein sein, um durchzuatmen,
um die engsten Äderchen zu füllen,
wenn du tief einatmest und ausatmest,
dass dir fast schwindlig wird.
Das machst du öfter, mit Blick
auf Dächer und Nebel, Wolken,
Sonne, Erinnerungen und Träume.

Du musst allein sein, um dich von Staub,
Vorwürfen, Lästigem, unbegründeten
Erwartungen zu reinigen,
um mit dem Hunger zu sprechen,
der keiner ist – nur Anlass zur Reinigung.
Die Stille hilft dir
zu dir selber zu kommen.

Dann suchst du Vivaldis *Jahreszeiten*,
als Basis für den schöpferischen Tag,
Und fängst an zu bauen, bauen bis zum Himmel.
Weil es Wonne ist.

TISTA SKODELICA
JENES HÄFERL

*

Na koga se opreš, kadar je težko?
Koga obsojaš, dokler ne pogledaš vase?
Kako premlevaš stare čase?
Kdaj vendarle pomisliš, da bo šlo?

Ali je važno, kdo je kriv?
Nobeden od prijateljev te ni zapustil,
le kdo resnico je povedal,
da bi jo še ti ugledal,
pa mu zameriš, dokler bo živ.

Najteže je sprejeti sebe,
najlažje obtoževati druge,
dragi niso doživljenjski sluge,
vsak se tudi skoz življenje lastno grebe.

In **niso ceste vedno gladke**
in vse stezé in potke kratke,
prijateljev na svetu ni veliko,
če jih zamenjaš vsakič,
ko pokažejo ti tvojo sliko.

Prekiniti je veliko lažje
kakor soočiti se s sabo,
premisliti, kaj je za rabo,
izkušnje zbirati je vedno dražje.

Nabirajo se tudi leta,

*

Auf wen stützt du dich, wenn es schwer wird?
Wen verurteilst du, bevor du in dich hineinschaust?
Wie kaust du an alten Zeiten?
Wann nur überlegst du, dass es gehen wird?

Ist es wichtig, wer schuld ist?
Keiner deiner Freunde hat dich verlassen,
nur mancher die Wahrheit gesagt,
damit auch du sie siehst,
du aber verübelst es ihm, solange er lebt.

Am schwersten nimmt man sich selbst an,
am leichtesten sind die andern dran,
niemand will bis ans Lebensende dienen,
jeder muss sich durchs eigene Leben bemühen.

Und **die Straßen sind nicht immer eben**
die Wege und Pfade nicht kurz im Leben,
echte Freunde sind rar gesät,
wenn man den Spiegel nicht erträgt
und man sie launenhaft ablehnt.

Es ist viel leichter „aus" zu sagen
als sich mit sich selbst zu plagen,
das Brauchbare zu überdenken,
den Erfahrungsmehrwert zu bedenken.

Es sammeln sich die Jahre,

novo dobrega nič ne obeta,
ti pa še dalje sam s sabo se boriš,
zamere stare zalivaš in gojiš.

Na koga se obrneš, kadar je kriza,
ko osamelo je srce in prazna miza?
Doma ves čas kdo misli nate
in zmeraj je objem, kos kruha
                            tudi zate.

nichts Gutes bringt des neuen Sicht,
du aber kämpfst noch weiter mit dir,
und pflegst dein nachtragendes Gesicht.

Wer hilft dir in der Krise,
wo leer das Herz und auch der Tisch?
Zuhause ist der Gedanke an dich noch frisch,
Umarmung und Brot gibt es immer
                                      auch für dich.

*

Ni pomembno,

kako velika je žetev,
koliko je delavcev,
kolikšen dobiček,
kako in kje bo spravljen na varnem.

Kako zavzeti so delavci
in **kako ljubijo svoje delo?**
Komu vse so ozdravili rane,
komu utrdili upanje in radost?
Katere stiske so opazili?

Zastonj prejeto, zastonj podarjeno.

*

Nicht wichtig,

wie groß die Ernte ist,
wie viele mitgeholfen haben,
wie hoch der Gewinn,
wie und wo wir ihn sicher lagern.

Wie eifrig Leute arbeiten
und **wie sie die Arbeit lieben?**
Wem sie die Wunden verbunden,
wem Hoffnung und Freude gestärkt?
Welche Nöte bemerkt?

Umsonst empfangen, umsonst geschenkt.

*

Tista skodelica je spravljena na najvišji polici zadaj.
Če jo hočem doseči, prinesem pručko.
A je nočem doseči, samo včasih preverim,
če je še tam. Ali jo vzamem v roke in pobrišem prah.
Topla je od tvojega klepeta in oškrbljena
samo na enem mestu, velikokrat si pil iz nje.
Rada bi, da ostane taka in tam.
Ne bi bilo prav, če bi jo sedaj
natanko opisala, potem bi vsi vedeli,
katero mislim. Morda bi nalašč
postregli obiske ravno iz nje.

Tudi meni ne strezite iz te skodelice.
Pazite nanjo, posebna je
in tako ali tako polna do roba.

Morda kdo nima take skodelice
v drugi vrsti na najvišji polici.
Potem ni tako bogat.

Njemu bi morda
ponudila požirek iz nje.
Samo požirek.

*

Jenes Häferl steht im höchsten Regal
ganz hinten.
Wenn ich es erreichen will, nehme ich einen
 Schemel.
Doch ich will nicht nach ihm greifen, nur
 manchmal überprüfen,
ob es noch da ist. Oder ich nehme es in die Hand
 und wische den Staub.
Es ist warm von deinem Geplauder und nur an
 einer Stelle angebrochen,
du hast oft daraus getrunken.
Ich möchte, dass es so und dort bleibt.
Es wäre nicht recht, es jetzt genau zu beschreiben,
 dann würden alle wissen,
welches ich meine. Vielleicht würde man erst recht
 mit ihm den Besuchern kredenzen.

Bedient auch mich nicht mit diesem Häferl!
Achtet darauf, denn es ist besonders
und so oder so bis zum Rand gefüllt.

Vielleicht hat jemand kein solches Häferl in der
 zweiten Reihe im höchsten Regal.
Dann ist er nicht so reich.

Ihm würde ich vielleicht
einen Schluck daraus anbieten.
Nur einen Schluck.

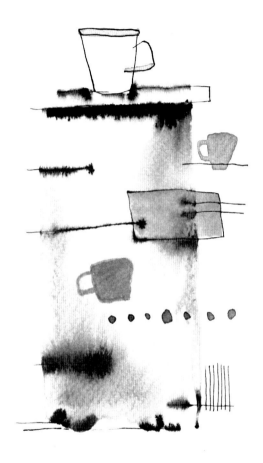

*

Midva imava vsak svojo krevlo
pa krevlava, kolikor zmoreva
in kolikor znava.
Po stanovanju, po vrtu
in okoli hiše
vsak svoje delo in spomine išče.
Počasi se vse naredi
in povsod pride,
skljičen vsakdan
in misel na svoje
zmagujeta notranje boje.
Dedi pokliče hčerko
za svoj (ne njen) rojstni dan.
Sama z dvignjeno glavo
najamem taksi in se peljem
na kavo in na pokopališče,
v njegovem in svojem imenu
babico se zmeraj obišče.

Potem skupaj iščeva:
ključ, frotirko, ravno tisto
trenirko, odpirač, nove vilede.
Opravljava stare sosede,
mladih oba ne poznava.
Sadje, ja, je bilo pravo.
Stopnice, res, niso za zabavo.
Pa še ena skupna kava.

*

Wir beide haben jeder seinen Gehstock
und humpeln mehr recht als schlecht.
In der Wohnung, im Garten
und ums Haus
sucht jeder seine Arbeit und Erinnerungen.
Allmählich schafft man alles und kommt
überall hin,
der gebückte Alltag
und der Gedanke an die seinen
besiegen den inneren Kampf.
Der Opa ruft seine Tochter
zu seinem (nicht ihrem) Geburtstag an.
Mit erhobenem Kopf
bestelle ich ein Taxi und fahre
auf einen Kaffee und zum Friedhof,
in seinem und meinem Namen
die Oma besuchen wir immer.

Dann suchen wir gemeinsam:
Schlüssel, Frottiertuch, den einen
Trainingsanzug, Flaschenöffner, neue Putzfetzen,
um dann über alte Nachbarn die Zunge zu wetzen,
die jungen kennen wir beide nicht.
Das Obst, ja, es war ihm recht.
Die Stiegen nimmt man mit Umsicht.
Und noch ein Kaffee war in Sicht.

Adijo, objem.
Se slišva potem.

Ta dan ni bil kar tako vsakdan.
Imel je dvaindevetdeseti rojstni dan.

Umarmung, ade.
Ich melde mich eh.

Der Tag war kein üblicher Alltag.
Es war sein zweiundneunzigster Geburtstag.

*

Gledala sta objeta fant in dekle
z brega Sene ladjico,
drsela je mimo njiju;
si šepetala in se smejala,
da se ni slišalo, kaj,
in ni vedelo, zakaj.
Namesto kosila in dveh malic
sta **danes ob reki** kupila
staro tibetansko preprogo,
da se bosta na njej,
mehki, barvasti, dišeči
po mladi strasti,
celo noč ljubila.

*

An der Seine schauten umschlungen
ein Bursch und ein Mädel zum Schifflein hin,
es glitt dahin;
sie flüsterten und lachten,
und man hörte nicht, was,
und wusste nicht, warum.
Statt eines Mahles und statt zwei Jausen
haben sie **heute am Fluss**
einen alten tibetischen Teppich gekauft,
um sich darauf,
weich und bunt und duftend
in junger Leidenschaft
die ganze Nacht zu lieben.

V NOV DAN, STRUNJAN
VORAN, STRUNJAN

*

Najlepši dogodek v terapevtskem Strunjanu?

Pogovor ob morju.
Šumenje in butanje valov, pretakanje peska.
Večanje odstotkov na terapiji.
Nepričakovano srečanje.
Rabutanje nešpelj.
Prvi štiritaktni pohod do obale.
Prvič po dolgem času na sobnem kolesu.
Kofetek s cimro.
Najdenje bližnjice do terapij.
Fotkanje in kazanje fotk.
Večerne telefonade.
Izmenjava naslovov.
Sestrin mejl.
Branje *Kavarne v prvem nadstropju*.
Celostranska objava v Šolskih razgledih.
Drobna zapravljanja v hotelski trgovinici.

Pa je res veliko lepih.
Najlepši: obisk sina in njegove deklice.
Na sliki sijemo; ko približam svoje oči,
so velike in se svetijo. Ko bi se večkrat tako.

*

Das schönste Ereignis im therapeutischen Strunjan?

Ein Gespräch am Meer.
Die rauschende Brandung, der fließende Sand.
Die längere Therapie.
Ein unerwartetes Treffen.
Mispeln klauben.
Erster Spaziergang zum Strand im Vierviertaltakt.
Erstes Training auf dem Hometrainer nach langer Zeit.
Kaffee mit der Zimmernachbarin.
Entdeckung einer Abkürzung zu den Therapien.
Fotografieren und Fotos mit anderen teilen.
Abendliche Telefongespräche.
Austausch von Adressen.
Ein Mail von meiner Schwester.
Buchlektüre *Kavarna v prvem nadstropju*.
Ein ganzseitiger Beitrag in der Schulzeitschrift.
Kleine Einkäufe im Hotelgeschäft.

Es gibt echt viele.
Das schönste: der Besuch meines Sohnes und seines Mädchens.
Auf dem Bild strahlen wir; als ich die Augen näher rücke, sind sie groß und leuchten. Würden sie das doch öfter tun.

*

Rane,
zarezane poševno,
cikcak, skoraj naravnost;
navznoter ali navzven,
zaceljene in cvetoče,
namazane, da puščajo
bele, rjave ali zelene madeže
na rjuhah, brisačah, hlačah,
v odprtem in zaprtem srcu.
Rane, glavna tema pogovora.
Nekatere zanima njihova estetika,
malokoga njihova etika,
druge zanima, če se kdaj zarastejo,
tretji jih pokrivajo, zakrivajo;
čez čas ugotoviš, tudi skrivajo.
Enim trenutno onemogočajo hoditi,
enim vrteti rame, tudi riti;
ene rane so same, druge javne,
a skrite: zakaj?

Pred kom?

Ene predolgo odprte,
druge vase zazrte brazgotinijo,
se zapirajo in spet cvetijo.
Ko rana enkrat je,
nisi nikoli več brez nje.
A tudi z brazgotino se živi,

*

Wunden,
schief eingeschnitten,
zickzack, fast gerade,
nach innen und nach außen,
verheilt und blühend,
eingecremt,
weiße, braune oder grüne Flecken machend
auf Leintüchern, Handtüchern, Hosen,
im offenen oder verschlossenen Herzen.
Wunden, das Hauptthema der Gespräche.
Manche interessiert ihre Ästhetik,
kaum jemanden ihre Ethik,
andere wollen wissen, ob sie je heilen,
andere wollen sie zudecken;
später begreifst du, dass sie sie verstecken.
Einige können zurzeit nicht gehen,
andere nicht die Schulter oder den Hintern drehen;
einige Wunden sind einsam, andere öffentlich,
und doch versteckt: warum?

Vor wem?

Einige zu lange offen,
andere narben in sich hinein,
schließen und blühen wieder.
Wenn du einmal eine Wunde hast,
bist du sie nie mehr los.
Aber auch mit Narben lässt es sich leben,

pa še kako. Morda te požlahtni?
Še vedno si ti ti,
nikoli več pa tisti isti.

und wie. Vielleicht veredelt?
Du bist noch immer du,
aber nie mehr der gleiche.

*

Polni krožniki.
Čez robove silijo
različna topla in hladna jedila,
predjedi, pojedi, kruhi, sadje,
kosci narezani, izrezani,
umetelni za slikat …
Šest koščkov različnih tortic.
Ene trebuh boli,
a težko kdo ugotovi,
zakaj. Hrana diši …
spravljena tudi v vrečke
in nahrbtnike.
Nekatere vrečice
se gugajo z držal bergel,
kasneje se vsebine selijo
v obroče okoli pasu.
Zakaj smo že tu?

Človek bi najraje izpustil obrok
pojestičmveč, ker je dobro
in zastonj.

Gospodkibiplesalzmano,
ko odložimo bergle
v stojala ob mizah,

jé normalno.
Globoko sem potolažena.

*

Volle Teller.
Warme und kalte Speisen
dringen über den Rand,
Vorspeisen, Nachspeisen, Brote, Obst,
in Stücke geschnitten, ausgeschnitten,
kunstvoll arrangiert fürs Foto …
Sechs Stück verschiedener Torten.
Die einen haben Bauchschmerzen,
aber schwer erkennbar,
weshalb. Das Essen schmeckt halt …
wird auch in Säckchen
und Rucksäcke verstaut.
Einige Säckchen schaukeln an den Krücken,
später wandert der Inhalt
in die Bauchringe.
Warum sind wir schon da?

Der Mensch würde am liebsten die Mahlzeit
*Sovielwiemöglichessen, weil es gut ist
und umsonst,* streichen.

Der Herrdermitmirtanzenmöchte,
als wir die Krücken
in die Halterung an den Tischen ablegen,

der isst normal.
Ich bin tief besänftigt.

Ampak ima na mezincu
velik črn prstan.

Splazim se ven.

Aber er trägt an seinem Kleinfinger einen **großen schwarzen Ring**.

Ich verziehe mich.

*

Poglej, kako hodijo okoli
lepota, prijaznost, dobrota,
empatija, tovarišija,
pričakovanje, vizija
in sladke sanje.
Zakaj bi se zaziral v ljudi,
v katerih tega ni?

**Murva je razširila svoje
težke sladke veje.**
Junijsko sonce
se ti že navsezgodaj smeje:
pojdi po stezici
na svoj štiritaktni pogon,
zagotovo srečaš
koga, ki vidi, sliši,
diha in se nasmiha

v visoki dan.

Proti večeru zadiši
po sivki, moraš jo pométi
v rokah. Ven, ven, na zrak.
Svetloba prihaja prav od blizu,
na koncertu v preddverju hotela
majhen, a suvereno ubran zbor
Bricev in Brik
poje tudi tvoje koroške pesmi.

*

Schau, wie sie flankieren,
Schönheit, Freundlichkeit, Güte,
Empathie, Kumpanei,
Erwartung, Vision
und süße Träume.
Warum sollte ich nach Menschen schauen,
wo ich das nicht sehe?

**Der Maulbeerbaum hat seine
schweren süßen Äste ausgebreitet**.
Die Junisonne
lacht dir schon ganz früh zu;
mach dich auf den Weg
in deinem Viertakt-Gang,
bestimmt triffst du wen,
der sieht, hört,
atmet und lacht

in den reifen Tag.

Gegen Abend ist Lavendel in der Luft, zerreiben
   muss ihn deine Hand. Hinaus, hinaus ins Frische.
Das Licht kommt aus unmittelbarer Nähe,
beim Konzert im Hotelvorhof
singt ein kleiner, souverän stimmiger Chor
aus Goriška Brda
auch deine Kärntner Lieder.

ŠE VEŠ, DA SI SOL ZEMLJE?
WEISST DU NOCH, DASS DU DAS SALZ DER ERDE BIST?

*

Stranpoti odkrivajo več
in globlje.
Ni treba v Santiago,
da preiščeš svojo prtljago.
Kaj boš z njo storil?
Boš strog ali mil?

Boš ostal ali zbežal?

*

Seitenwege lassen mehr
und tiefer sehen.
Weshalb nach Santiago gehen,
um sein Gepäck durchzusehen.
Was tust du damit?
Wirst streng sein oder mild?

Bleiben oder Flucht ergreifen?

*

»Pišem zato, da bolje vidim. Najbolje vidim, ko zaprem oči.«
Tone Škrjanec

Zaprem oči, vidim in slišim,
čutim tiste dni pričakovanja,
darovanja, malopočivanja,
vsak dan je imel mil obraz,
vsako vprašanje se je zanimalo
zanje, za moje drage.
Pa teče voda, bistra voda,
drage odnaša pravična svoboda.
Odnaša, odnese – zavese časa
plapolajo, kot zmorejo,
kakor znajo.

Zaprte oči zavonjajo in zagledajo,
ne, nič se ne sprenevedajo,
pozno, a žlahtno svobodo.
Zato stopim, zabredem v to svežo
hladno poskočno vodo.

In grem.
Zdaj si dovolim
in izvolim svoj
lepenski potok.

Nič več ne vprašam,
če smem.

*

„Ich schreibe, um besser zu sehen. Am besten sehe
ich, wenn ich die Augen schließe."
Tone Škrjanec

Ich schließe die Augen, sehe und höre,
spüre jene Tage des Erwartens, Gebens, Ruhens,
jeder Tag hatte ein sanftes Gesicht,
jede Frage war ihnen beschieden, meinen Lieben.
Und so fließt das Wasser, klarer Quell',
gerechte Freiheit nimmt die Lieben schnell.
Trägt sie fort und weit – die Vorhänge der Zeit
wehen, wie sie es schaffen
und können.

Geschlossene Augen wittern und erblicken,
nein, sie täuschen nichts vor,
die späte aber edle Freiheit.
Also betrete ich dieses frische
kühle muntere Wasser.

Und gehe fort.
Jetzt erlaube ich mir
und erwähle meinen
Leppener Bach.

Ich frage nicht mehr,
ob ich darf.

*

Kadar dolgo ni odmeva,
ni nujno, da ga ne bo,
Morda še ni prispel,
morda se oblikuje
v pravo misel in besedo,
morda išče svoj obraz
ali ga še čaka, mogoče
mu prisluškuje
in – kakor slučajno –
mimogrede sebe oblikuje;
morda ne bo prišel
pridušeno
pričakovan odmev.

Mogoče je preveč oseben
ali se ne zdi potreben?

Odmev je objem,
stisk roke.
Ni nujno, da je glasen,
četudi je počasen,

le da je:
odmev je most,
brez njega ne prideš na drugo
stran in k sebi nazaj.
Brez njega si lahko bolan.
Pluješ, čuješ,

*

Wenn er lange nicht reagiert,
heißt noch nicht, dass er nicht kommt.
Vielleicht kam er noch nicht an,
vielleicht formt er sich
in den richtigen Gedanken und ins richtige Wort.
Vielleicht sucht er sein Gesicht
oder wartet darauf, vielleicht
hört er ihm zu
und – wie zufällig -
formt er nebenbei noch sich selbst;
vielleicht kommt er nicht,
der leise
erwartete Nachhall.

Vielleicht ist er zu persönlich
oder er scheint nicht nötig?

Der Nachhall ist wie eine Umarmung,
ein Händedruck.
Er muss nicht laut sein,
wenn auch langsam,

dass er nur kommt:
der Nachhall ist eine Brücke,
ohne ihn kommst du nicht auf die andere
Seite und zu dir zurück.
Ohne ihn bist du krank.
Du fährst auf dem Wasser, wachst,

ko pride, ga spoštuješ
in takoj ne poodmevaš nazaj.
Zakaj?

Al je kaj trden most?

wenn er kommt, zeigst Ehrfurcht
und hallst nicht sofort zurück.
Warum?

Ist die Brücke denn stark?

*

Misli se še da postaviti v vrsto,
razporediti in urediti,
se nanje pripraviti
in jih pospraviti
v prave predale
za prave trenutke,
načrtovane minutke.

S čustvi pa ni tako.
Lahko jih zaviješ trdno,
pobožaš in jih prosiš,
naj čakajo.
Ona pa ne, vse po svoje:
kar planejo in te presenetijo,
da ne veš, ne kod ne kam.
Spet si jih skrival zaman.

*

Gedanken kann man noch in eine Reihe stellen,
einteilen und ordnen,
sich auf sie vorbereiten
und sie wegräumen
in die richtigen Regale
für die richtigen Augenblicke,
für geplante Minuten.

Mit den Gefühlen ist es nicht so.
Du kannst sie fest einwickeln,
sie streicheln und sie bitten
zu warten.
Sie aber wollen nicht so:
sie tauchen auf und überraschen dich,
und du weißt nicht, woher und wohin.
Wieder hast du sie umsonst versteckt.

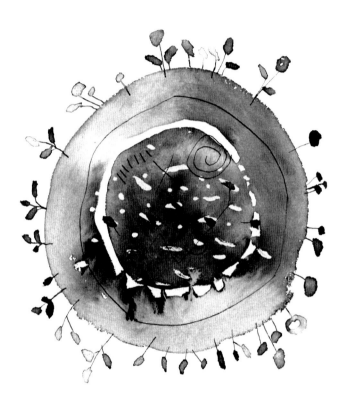

*

*Pogosto se bojimo tolažbe,
bojimo se, da bi nas kdo potolažil.
Verjetno se počutimo bolj varno
v skrbi in obupu. Zakaj?*

Skozi ta advent umirjene besede
naj nas dvignejo in odprejo
vrata zapahnjene osebne bede,
pobožajo kot dragocena luč

in dajo pogum, uvid, drug pogled
na ta krivični in nepošteni svet.
Saj vredno je, **vedno je vredno**
čakati za vsaj rahlo priprtimi vrati,

to Besedo sprejeti in jo spoznati.

(Papež Frančišek, december 2016)

*

Oft fürchten wir den Trost,
wir fürchten, dass uns jemand tröstet.
Wir fühlen uns sicherer
in Sorge und Verzweiflung. Warum?

In diesem Advent sollen uns ruhige
Worte erheben und Türen der verriegelten
  persönlichen Not öffnen,
uns streicheln wie ein kostbares Licht

und Hoffnung geben, Einsicht, eine andere Sicht
  auf diese ungerechte, unehrliche Welt.
Es ist es wert, **stets ist es wert**,
an der leicht angelehnten Tür zu warten,

das WORT anzunehmen und es zu erkennen.

(Papst Franziskus, Dezember 2016)

*

Plast ledu nad mojo dušo je debela.
Kdo ima pravico stopati po njej?
Kdo si drzne skrbeti zanjo,
ko pojma nimajo, kaj se je zgrnilo nanjo!
O ja, oni prav lepo živijo, imajo
svojo zgodovino in načrte,
za meni storjene krivice
se ne menijo,
meni samemu boj prepustijo.
Kdaj že so me zapustili,
kdaj že mi hrbet obrnili,
a jaz se jim ne dam,
svojo čast, ponos imam!
Veliko hudega sem že dal skoz,
zato imam trden ponos
in ljubega boga,
ki me edini rad ima.
Resnica je, da me še vsak je razočaral,
vsak me hoče nekaj poučiti,
mi, da bi me kontroliral, blizu priti.
A jaz imam najraje mir,
tudi če me zebe in sem lačen,
jaz sem sam svoj, sem drugačen,
bom že pokazal svetu,
da imam prav, da moja duša,
tudi če v led ujeta,
je vsaj čez vse poštena,
taka res ni prav nobena.

*

Die Eisschicht über meiner Seele ist dick.
Wer hat das Recht darauf zu treten?
Wer wagt es für sie zu sorgen,
wo sie nicht wissen, was sie belastet!
Oh ja, sie leben gut, haben
Geschichte und auch Pläne,
doch das mir zugefügte Unrecht
kümmert sie nicht,
sie überlassen mir allein den Kampf.
Wann haben sie mich schon verlassen,
wann mir den Rücken zugekehrt,
doch ich geb' mich nicht geschlagen,
hab' meine Ehre, meinen Stolz!
Viel Böses hab' ich schon ertragen,
deshalb hab' ich den Stolz
und unsern lieben Gott,
der allein mich gerne hat.
Die Wahrheit ist, bisher hat jeder mich enttäuscht,
jeder will mich nur belehren,
mir nah zu kommen, um mich zu kontrollieren.
Doch ich mag meine Ruhe,
auch wenn ich hungere und friere,
denn ich bin eigen, bin halt anders,
ich werd's der Welt schon zeigen,
dass im Recht ich bin, dass meine Seele,
obwohl im Eis gefangen,
doch über Maßen ehrlich ist,
so wie wohl keine andre.

Kaj pa vedo, kako se mučim,
smejijo se mi za vogali,
lahko njim, ki niso sami ostali.
Imajo vse, jaz nimam nič,
za zdaj, bom že dokazal svoje!
Bili trenutki so, ki me zavajajo …
Led nad dušo je zaščita,
lovijo me, sledijo mi,
a jaz se jim ne dam,
pod tem ledom
varen sem, le – sam.

Was wissen die, wie ich mich plage,
lachen mich heimlich aus,
sie haben's leicht, sind nicht allein geblieben.
Sie haben alles und ich nichts,
vorerst, ich werd' es schon beweisen!
Es gab Momente, die mich irreführen …
Das Eis auf meiner Seele ist ein Schutz,
sie fangen mich, verfolgen mich,
ich aber lass mich nicht,
unter dem Eis
bin ich sicher, aber – allein.

*

Toliko ljubezni, darov časa,
podpore, občudovanja,
verjetja, borbe zate,
ponosa, pričakovanja,

ne more izginiti v pesku.
Oba verjameva v boga,
gotovo čutiš in veš,
kaj vse ti daje in da.

Odpri srce, oči,
roke razpri,
v tebi je veliko veliko moči,
ne obtožuj, ne objokuj,

deluj.

*

Soviel Liebe, Gaben der Zeit,
Hilfe, Bewunderung,
Glauben, Kampf um dich,
Stolz, Erwartung

können nicht im Sand versinken.
Wir beide glauben an Gott,
sicher weißt und fühlst du,
was er dir gibt und bietet.

Öffne dein Herz, die Augen,
öffne deine Hände,
in dir ist viel, so viel Kraft,
beklage nicht, beweine nicht,

handle.

*

Grehom
napuhu, pohlepu, pohoti,
jezi, požrešnosti, zavisti
in lenobi

bi že davno morali dodati
razvajanje.

Razvajanje že zgodaj
poškoduje zdravo rastlinico,
da kar naprej išče oporo,
čaka vode in sonca,
samo čaka in sprejema
darove. Čudovito lepa je,
diši in se nekaj časa
vzpenja v svoji lepoti,
sposobnosti in utirjenem delovanju.
Vendar
raste le ob opori,
ki jo ima za samoposebiumevno.
Napihnjena je od lastne pomembnosti,
hlepi po priznanju,
vse strasti se ji zdijo pohota,
besni nad nepravičnim svetom,
v sebi krivde sploh ne išče;
požrešna je lepot sveta,
zavistna uspešnim in ljubljenim,
svoje lenobe pa se ne zaveda

*

Den Sünden
dem Hochmut, der Habsucht, der Begierde,
dem Zorn, der Gier, der Missgunst
und der Trägheit

müssten wir schon längst
das **Verwöhnen** hinzufügen.

Das Verwöhnen schadet
schon früh der gesunden Pflanze,
sie sucht ständig nach Halt,
wartet auf Wasser und Sonne,
wartet nur und empfängt
die Gaben. Sie ist wunderschön,
sie duftet und
steigt eine Zeit lang
in ihrer Schönheit empor,
mit ihren Fähigkeiten und dem geordneten
   Handeln.
Jedoch
wächst sie nur mit Unterstützung,
die sie für selbstverständlich hält.
Aufgeblasen ist sie durch ihre Wichtigkeit,
lechzt nach Anerkennung,
alle Leidenschaften sind ihr Begierde,
sie tobt ob dieser ungerechten Welt,
sucht die Schuld gar nie bei sich;
gierig nach den Schönheiten der Welt,

in je ne prizna,
ker je ne zmore videti.

Ne, naglavnih grehov ni sedem,
osem jih je.

neidig den Erfolgreichen und Geliebten,
unbewusst ihres eigenen Nichtstuns,
gibt dies nicht zu,
will es nicht sehen.

Nein, es gibt nicht sieben Hauptsünden,
es sind deren acht.

*

Pošlji mi, prosim, moč
za hvaležnost,
sprejemanje,
razumevanje,
podarjanje
tvoje žive vode –
s pogovorom,
pogledom,
dotikom.

Naj se vsak dan
napotimo
k Jakobovemu studencu
in iz njega zajemimo
z rokami in s srcem.

*

Sende mir, bitte, die Kraft
für Dankbarkeit,
Annehmen,
Verständnis,
das Schenken
deines lebendigen Wassers –
mit Gesprächen,
Blicken,
Berührungen.

Mögen wir täglich
zum Jakobsbrunnen
gehen,
um mit den Händen, mit dem Herzen
daraus schöpfen.

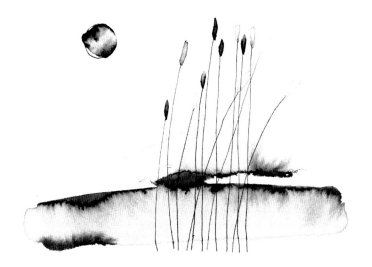

*

Še veš, da si sol zemlje,
da si njena luč?

Ko daruješ samega sebe,
tega ne delaš,
da se postaviš,
da si boljši od drugih,
da si odličen,
da si v tekmi prvi
in da te drugi pohvalijo.

Soli se ne vidi, se jo pa čuti.
Luč kar je, sama od sebe.
Težko je ponoči brez nje.

*

Weißt du noch, dass du das Salz der Erde bist,
du bist ihr Licht?

Wenn du dich selbst hingibst,
machst du das nicht,
um dich zu behaupten,
dass du besser bist als die anderen,
dass du im Rennen der erste bist
und dass dich die anderen loben.

Man sieht das Salz nicht, man spürt es nur.
Das Licht ist einfach, von sich aus.
Nur schwer ist's nächtens ohne Licht.

Spremna beseda
Poezija odprtega kroga sobivanja

Pesmi Lidije Golc v zbirki *Kakor roke v objem* razodevajo avtoričino močno navezanost na njeno identiteto in pripadnost skupnosti, v kateri deluje. V njih prepoznamo konkretne situacije iz njenega družinskega in družabnega življenja, Ljubljane, kjer deluje kot profesorica slovenščine na srednji šoli, in avstrijske Koroške, od koder so njene korenine, prav tako pa v njih začutimo odmev številnih prijateljskih vezi, ki jih je stkala v dolgih letih delovanja kot gorska vodnica. Osnovno vodilo teh pesmi Lidije Golc je, tako kot tudi že v prejšnjih zbirkah, spoznavanje same sebe, vendar pa je treba dodati, da je spoznavanje sebe pri avtorici vedno tesno prepleteno z razprtostjo do drugih, do sočloveka. Ko je pred leti na Radiu Slovenija spregovorila o svojem odnosu do sveta in ljudi, je med drugim omenila, da zelo rada bere. »Zelo me zanima, kako drugi pišejo. Prevzame me preprosta in globoka misel, do česar pa ni tako enostavno priti,« je tedaj dejala. S tem je razodela tudi temeljno načelo svoje poetike: raje manj besed kot preveč, raje nekaj preprostih verzov, ki vsebujejo sporočilo in razkrijejo nekaj temeljnega in zavezujočega o našem bivanju v svetu kot pa prazen lingvizem, pa če bi navzven deloval še tako razkošno. Za pisanje Lidije Golc je bistveno, da ni le pozorna bralka knjig, ampak predvsem pozorna bralka življenja, ki zna prisluhniti drugim ljudem. V jedru te poezije je zavezanost identiteti, ki pa se oblikuje šele v odnosu do soljudi.

Identiteta je nekaj, kar ni preprosto dano, ampak kar je treba skrbno negovati. Osnovno podobo zbirke nam tako ponuja uvodna pesem *Murvica*, v kateri avtoričin lirski subjekt strga »tišino, spominske slike, besede, pripetljaje in dogodke« s skodelic in lončkov ter jih nežno razporedi na okroglo mizo pod živo zeleno murvo. Pesem lahko razumemo kot vabilo, da prisedemo in v pesniškem druženju z avtorico izmenjamo tudi svoje spomine, svoje resnice, zakopane v tišino, in načrte za prihodnost. Krog mize, obdane s stoli, je simbol razprtosti v svet in le v interakciji s soljudmi lahko drevo živi in požene nove liste, kot se, tudi simbolno, zgodi v naslednji pesmi. Za plodno sobivanje ni treba iskati odgovorov v nemogočih fantazijah in nikoli resničnih oddaljenih svetovih, veliko pomembneje je, da se človek odpre resnici svojega prostora in časa, da se trudi za boljše življenje na tistem koncu sveta, ki mu je odmerjen. Ali, kot se je pesnica sama lepše izrazila v omenjenem intervjuju: »Mislim, da mora v vsaki situaciji, v kateri je, človek dati vse od sebe. Če bi to naredili vsi v dobrem, v pozitivnem, v razumevanju, v sočutju, mislim, da bi bil svet že sam po sebi lepši.« Tako lahko tudi verze: »Vsi krogi so lahko prekinjeni. / Lahko jih razpremo: / vztrajno, ponosno, / zanosno, / kakor roke v objem,« razumemo kot poziv k skupnemu trudu za lepši svet.

Pesnica tudi zgodovino prebira simbolno, njena sporočila so namenjena polnokrvni tubiti, boljšemu danes in jutri. Prekinjeni krog devetstodnevnega obleganja v Sankt Peterburgu med 2. svetovno vojno tako ponazarja pot v svobodo in odrešitev, kar odmeva v verzih »Vsi krogi so lahko prekinjeni. / Lahko jih razpremo: / vztrajno, ponosno / zanosno, / kakor roke v objem.« Razprti krog je tudi povezanost koroških Slovencev – le v sodelovanju in preseganju individualnih tegob lahko zamejska skupnost preživi. V idealnem primeru lahko tako zadoni tudi v zboru zapeta pesem: »S kozarčkom trčiti / in ga tudi popiti. / Potem se še objeti / in kako koroško zapeti.« Bolj kot velike zgodovinske resnice pa so pomembne drobne pozornosti, s katerimi izkazujemo naklonjenost ljudem in se trudimo za kakovostno sobivanje. Tema pesmi tako lahko postane vezenje za stričevo poročno darilo ali zahvala unci za življenjske napotke. Eno izmed temeljnih pesničinih spoznanj je, da človek sam zase nima dovolj moči, da bi se prebijal naprej po življenjski poti, energijo lahko črpa le iz razprtosti drugim. Ob tem pa je pomembno, da ne pričakuje preveč. Včasih je dovolj, da zna prisluhniti svetu in se zave, da tudi v samoti ni zares sam. Avtoričinemu pesniškemu subjektu tako lahko dan popestri že glasbena oddaja na radiu: »Radio Agora, ta pa zna / povedati / zapeti, / zaigrati, / pobožati dušo.« In spet drugje energijo za nadaljnjo pot znova najde v glasbi: »Hvala, Astor Piazola / in Marko Hatlak. / Dan je pretežak, da bi ga / nesla na svojih ramenih / brez vaju.« V neki drugi pesmi ji spodbudo za nadaljnjo pot ponudijo Vivaldijevi *Štirje letni časi*.

Tudi v ciklusu *Še veš, da si sol zemlje?*, naslovljenem po Jezusovih besedah iz Matejevega evangelija »Vi ste sol zemlje. Če pa se sol pokvari, s čim naj se solí?« pesnica tudi odgovore na temeljna bivanjska vprašanja, ki se ozirajo po transcendenčnem smislu, najde v dialogu z drugimi. Verza Toneta Škrjanca »Pišem zato, da bolje vidim. Najbolje vidim, ko zaprem oči« tako uporabi kot izhodišče za meditacijo o svojih dragih, o času, ko se je vsako vprašanje zanimalo zanje. Vzgib za pesem so lahko tudi besede papeža Frančiška o tem, da se bojimo tolažbe, ker se počutimo bolj varno v skrbi in obupu. Avtorica v eni zmed pesmi spregovori celo z glasom moškega subjekta, ujetega pod plast ledu nad dušo, v njej pa posredno obsodi egocentrično zapiranje vase zaradi lažnega občutka varnosti. Podobno kot v papeževih besedah lahko v verzih Lidije Golc poleg kritike egocentrizma zaznamo tudi kritiko družbenega sistema, ki temelji na individualizmu in sebičnosti. Pesničin odgovor na egoistično zapiranje vase je nedvoumen – edina prava pot je pot sodelovanja in dejavne ljubezni: »Oba verjameva v boga, / gotovo čutiš in veš, / kaj vse ti daje in da. / Odpri srce, oči, / roke razpri, / v tebi je veliko veliko moči, / ne obtožuj, ne objokuj, / deluj.«

Poezija Lidije Golc je poezija odprtega kroga sobivanja. Pesmi odražajo avtoričino vpetost v življenje, v njih je polno navezav na znance, sorodnike, prijatelje; vpete so v realistični okvir, vendar pa ta poezija ni zgolj realistična ali dokumentarna. Čeprav je pesničin slog na prvi pogled pogosto faktografski, zaustavitev na posameznih detajlih pričara drobne epifanije. V pesmi *Tista skodelica* v verzih »Topla je od tvojega klepeta in oškrbljena / samo na enem mestu, velikokrat si pil iz nje« prek topline skodelice začutimo toplino sogovornikove duše, ki osmišlja tudi avtoričino bivanje. Tudi branje knjig lahko prinese tako nepričakovano razodetje – avtorica na primer v spremni besedi knjige Petra Stamma najde besedo, ki jo je dolgo iskala in ki ob navezavi na življenje pridobi metaforičen pomen: samovoljnost – »Mater si samovoljno / življenje moje.« Še en tak primer najdemo v pesmi *Pa je res veliko lepih*, kjer ob ogledu fotografije, ki je nastala ob obisku sina in njegove deklice, izostritev perspektive na avtoričine sijoče oči razkrije toplino družinskih odnosov.

Pesmi zbirke *Kakor roke v objem* zato niso zgolj prezrcaljenje avtoričinih življenjskih izkušenj, ampak njihova nadgradnja. To še podkrepijo bogata ritmičnost, radoživa zvočnost pesmi in spretno menjavanje tempa, ki iz prozaičnosti prehaja v odzven notranjih in zunanjih rim. Ta poezija je tako vsebinsko kot tudi oblikovno bogata, tako da tudi bralca zapelje v trud za polnokrvno bivanje.

Igor Divjak

Geleitwort
Poesie eines offenen Kreises im Zusammenleben

Die Gedichte von Lidija Golc im Band *Wie Hände zur Umarmung* offenbaren eine starke Verbundenheit der Autorin mit ihrer Identität und ihrer Zugehörigkeit zu einer Gemeinschaft, in der sie wirkt. In ihnen erkennt man konkrete Situationen aus ihrem familiären und gesellschaftlichen Leben, der Stadt Laibach, in der sie als Mittelschulprofessorin für Slowenisch tätig ist, und dem österreichischen Kärnten, wo ihre Wurzeln sind. Ebenso verspürt man in ihnen das Echo zahlreicher freundschaftlicher Bande, die die Autorin in langen Jahren als Bergführerin geknüpft hat. Das Leitmotiv bei Lidija Golc ist wie schon in ihren vorangegangenen Gedichtbänden die Selbsterkenntnis, doch diese ist eng verknüpft mit der Öffnung anderen gegenüber, dem Mitmenschen. Als Lidija Golc vor Jahren in einem Radio Slovenija-Interview über ihr Verhältnis zur Welt und dem Menschen sprach, meinte sie unter anderem, dass sie sehr gerne lese. „Mich interessiert sehr, was andere schreiben. Dabei überkommt mich ein tiefer Gedanke, zu dem man aber nur schwer kommt." sagte sie. Damit offenbarte sie auch das Grundprinzip ihrer Poetik: lieber weniger Worte als zu viel, lieber einige einfache Verse, die eine Mitteilung tragen und etwas Fundamentales und Verbindliches über unser Dasein in der Welt offenbaren als ein nach außen hin opulent wirkender, aber leerer Linguismus. Für Lidija Golc` Schreiben ist wesentlich, dass sie nicht nur eine achtsame Buchleserin ist, sondern vor allem eine achtsame Leserin des Lebens, die anderen zuhören kann. Im Kern ihrer Poesie ist die Verpflichtung zur Identität, die aber erst in der Beziehung zu den Mitmenschen Form bekommt.

Identität ist nichts einfach Gegebenes, man muss sie sorgsam hegen. Die Grundform des Bandes kann man im Gedicht *Das Maulbeerbäumchen* erkennen, in dem das lyrische Subjekt der Autorin *„die Stille, Erinnerungsbilder, Worte, Vorfälle und Ereignisse"* von den Schalen und Häferln abschabt und sie zart am runden Tisch unter dem tiefgrünen Maulbeerbaum aufreiht. Das Gedicht kann man als Einladung verstehen, um sich dazuzusetzen und in lyrischer Gesellschaft mit der Autorin auch eigene Erinnerungen, Wahrheiten, eingegraben in die Stille, und Zukunftspläne auszutauschen. Der Tischkreis, umgeben von Stühlen, ist ein Symbol des Offenseins der Welt gegenüber und nur in Interaktion mit den Mitmenschen kann der Baum leben und neue Blätter tragen, wie es, auch symbolisch, im darauffolgenden Gedicht passiert. Für ein gedeihliches Miteinander muss man die Antworten nicht in unmöglichen Fantasien und niemals wirklichen entfernten Welten suchen. Viel wichtiger ist die Öffnung des Menschen für die Wahrheit seines Raumes und seiner Zeit und dass er Sorge trägt für ein besseres Leben auf dem Zipfel der Erde, der ihm bestimmt ist. Oder, wie sich die Lyrikerin im erwähnten Radiointerview selbst schöner äußerte: „Ich meine, dass der Mensch in jeder Situation sein Bestes geben muss. Wenn wir das alle im Guten, im

Positiven, mit Verständnis und Mitgefühl täten, wäre meiner Meinung nach die Welt von sich aus schöner." So kann man auch die Verse: *"Alle Kreise können unterbrochen sein. / Wir können sie öffnen: / beharrlich, stolz, / beschwingt, / wie Hände zur Umarmung."* als einen Aufruf sich für ein besseres Leben zu bemühen, verstehen.

Die Lyrikerin liest auch die Historie symbolisch, ihre Botschaften sind dem vollblütigen Dasein bestimmt, einem besseren Heute und Morgen. Der unterbrochene Kreis der neunhunderttägigen Belagerung von Sankt Petersburg im Zweiten Weltkrieg stellt demnach den Weg in die Freiheit und die Erlösung dar, was ebenso in oben zitierten Versen nachhallt. Der geöffnete Kreis ist auch die Verbundenheit unter den Kärntner Slowenen – nur mit Zusammenarbeit und durch das Überwinden individueller Erschwernisse kann die Volksgruppe überleben. Im idealen Fall kann so auch ein im Chor gesungenes Lied ertönen: *"Mit einem Glas anstoßen / und es auch leeren. / Und dann alle umarmen / und ein Kärntnerlied zum Besten geben."*

Wichtiger als große historische Wahrheiten aber sind kleine Aufmerksamkeiten, mit denen man Menschen die Gewogenheit ausdrückt und sich für ein qualitatives Zusammenleben bemüht. So wird die Stickarbeit für ein Hochzeitsgeschenk des Onkels oder der Dank an Unca für die Lebensanleitungen zum Thema. Eines der fundamentalen Erkenntnisse der Dichterin ist aber, dass der Mensch allein nicht genug Kraft hat, um sich weiter durchs Leben zu kämpfen, sondern er kann die Energie nur aus der Öffnung den anderen gegenüber schöpfen. Die Erwartungshaltung dabei sollte aber gedämpft sein. Manchmal reicht das Vermögen, der Welt zuzuhören und sich zu besinnen, dass man auch in der Einsamkeit nicht alleine ist. So kann dem lyrischen

Subjekt der Autorin den Tag schon eine Musiksendung im Radio verschönern: *„Radio Agora kann's eben / sagen, / singen, / spielen, / die Seele streicheln."* Und noch an anderer Stelle findet es die Energie für den weiteren Weg in der Musik: *„Danke, Astor Piazola / und Marko Hatlak. / Der Tag ist zu schwer, um ihn / auf den Schultern zu tragen / ohne Euch."* Und in einem anderen Gedicht muntern sie für den weiteren Weg Vivaldis *Vier Jahreszeiten* auf.

Auch im Zyklus *Weißt du noch, dass du das Salz der Erde bist?*, betitelt nach Jesu Worten aus dem Matthäus-Evangelium „Ihr seid das Salz der Erde. Wenn nun das Salz nicht mehr salzt, womit soll man salzen?" findet die Dichterin Antworten auf grundlegende existentielle Fragen, die einem transzendentalen Sinn folgen, im Dialog mit anderen. So dienen ihr die beiden Verse von Tone Škrjanec *„Ich schreibe, um besser zu sehen. / Am besten sehe ich, wenn ich die Augen schließe."* als Ausgangspunkt für eine Meditation über ihre Lieben, als sich jede Frage um sie drehte. Der Impuls für das Gedicht könnten auch Worte von Papst Franziskus sein, nämlich dass wir uns vor Trost fürchten, weil wir uns in Sorge und Hoffnungslosigkeit besser fühlen. In einem Gedicht spricht die Autorin sogar mit der Stimme eines männlichen Subjekts, gefangen unter einer Eisschicht über der Seele, worin sie mittelbar die egozentrische Einkehr in sich aufgrund eines falschen Sicherheitsgefühls verurteilt. Gleich den Papstworten kann man in den Versen von Lidija Golc neben einer Kritik am Egozentrismus auch Kritik am Gesellschaftssystem, basierend auf Individualismus und Egoismus, bemerken. Die Antwort der Dichterin auf die egoistische Selbsteinkehr ist unmissverständlich – der einzig richtige Weg ist der Weg der Zusammenarbeit und der tätigen Liebe: *„Wir beide glauben an Gott, / sicher* *weißt und fühlst du, / was er dir gibt und bietet. / Öffne dein Herz, die Augen, / öffne deine Hände, / in dir ist viel, so viel Kraft, / beklage nicht, beweine nicht, / handle."*

Die Poesie von Lidija Golc ist eine Poesie des offenen Kreises im Zusammenleben. Die Gedichte geben die Einbettung der Autorin im Leben wieder, sie sind voll von Anknüpfungen an Bekannte, Verwandte, Freunde; sie sind in einen realistischen Rahmen eingebettet, doch die Poesie ist nicht bloß realistisch oder dokumentarisch. Obwohl der Stil der Dichterin auf den ersten Blick oftmals faktografisch ist, zaubert das Verweilen auf einzelnen Details eine kleine Epiphanie herbei.

Im Gedicht *Jenes Häferl* in den Versen *"Es ist warm von deinem Geplauder / und nur an einer Stelle angebrochen, / du hast oft daraus getrunken."* verspürt man durch die Wärme des Häferls die Seelenwärme des Gesprächspartners, der auch der Existenz der Autorin Sinn gibt. Auch die Buchlektüre kann so eine unerwartete Offenbarung bringen – die Autorin findet beispielsweise im Geleitwort zu Peter Stamms Buch ein Wort, das sie lange suchte und das durch die Anknüpfung an das Leben eine metaphorische Bedeutung erlangt: Eigenwilligkeit – *„Oh Gott, bist du eigenwillig, du mein Leben."* Noch so ein Beispiel findet man im Gedicht *Es gibt echt viele*, wo bei der Betrachtung einer Fotografie, entstanden beim Besuch des Sohnes und seiner Freundin, die Fokussierung der Perspektive auf die strahlenden Augen der Autorin die Wärme der familiären Beziehungen offenbart.

Der Gedichtband *Wie Hände zur Umarmung* ist somit nicht nur eine Spiegelung von Lebenserfahrungen der Autorin, sondern ihr Überbau. Das unterstreichen noch die reichhaltige Rhythmik, der lebensfrohe Klang der Gedichte und der geschickte Tempowechsel, der aus der Prosaform in einen Nachklang innerer und äußerer

Reime übergeht. Diese Poesie ist sowohl inhaltlich als auch formell so reich, dass sie auch den Leser dazu führt, sich für eine vollblütige Existenz zu bemühen.

Übersetzung: Adrian Kert